Anquilosaurio

Grace Hansen

Abdo
DINOSAURIOS
Kids

abdopublishing.com

Published by Abdo Kids, a division of ABDO, P.O. Box 398166, Minneapolis, Minnesota 55439.

Copyright © 2018 by Abdo Consulting Group, Inc. International copyrights reserved in all countries. No part of this book may be reproduced in any form without written permission from the publisher.

Printed in the United States of America, North Mankato, Minnesota.

102017
012018

Spanish Translator: Maria Puchol

Photo Credits: Alamy, iStock, Science Source, Shutterstock, Thinkstock, ©edenpictures p.7 / CC-BY-2.0

Production Contributors: Teddy Borth, Jennie Forsberg, Grace Hansen
Design Contributors: Dorothy Toth, Laura Mitchell

Publisher's Cataloging in Publication Data
Names: Hansen, Grace, author.
Title: Anquilosaurio / by Grace Hansen.
Other titles: Ankylosaurus. Spanish
Description: Minneapolis, Minnesota : Abdo Kids, 2018. | Series: Dinosaurios |
    Includes online resources and index.
Identifiers: LCCN 2017945875 | ISBN 9781532106491 (lib.bdg.) | ISBN 9781532107597 (ebook)
Subjects: LCSH: Ankylosaurus--Juvenile literature. | Dinosaurs--Behavior--Juvenile literature. |
    Herbivores, Fossil--Juvenile literature. | Spanish language materials--Juvenile literature.
Classification: DDC 567.915--dc23
LC record available at https://lccn.loc.gov/2017945875

Contenido

Anquilosaurio 4

Hábitat 8

Cuerpo 10

Alimentación 16

Fósiles 18

Más datos 22

Glosario 23

Índice. 24

Código Abdo Kids 24

Anquilosaurio

El Anquilosaurio vivió en el **período Cretácico**, hace 70 millones de años. América del Norte se veía muy diferente entonces. Estaba cubierta mayoritariamente por un mar poco profundo.

5

Existieron varias especies de Anquilosaurio. Aunque todas con características similares.

7

Hábitat

Los Anquilosaurios vivieron cerca de la costa, donde era cálido y húmedo. Las plantas crecían bien en esa zona.

Cuerpo

¡El Anquilosaurio era un dinosaurio enorme! Podía pesar hasta 12,000 libras (5,443 kg). Medía alrededor de 20 pies de largo (6.1 m) y 6 pies de alto (1.8 m).

El Anquilosaurio caminaba con las cuatro patas. Su cuerpo era resistente y estaba **acorazado**.

13

Este dinosaurio tenía la cola larga y fuerte. El final de la cola parecía un garrote, lo que probablemente usaba para defenderse.

Alimentación

Los Anquilosaurios comían las plantas bajas. Tenían pico y dientes con forma de hojas. Estos dientes les servían para arrancar las plantas.

Fósiles

Los primeros fósiles de Anquilosaurio se encontraron en Wyoming en 1900. Más fósiles se han ido descubriendo en Montana, USA y en Alberta, Canadá. En Bolivia también se descubrieron unas huellas de este dinosaurio en 1996.

Se han conseguido dos esqueletos casi completos, ninguno entero todavía. ¡Gracias a estos restos se ha aprendido mucho sobre este increíble dinosaurio!

Más datos

- Anquilosaurio significa "lagarto fusionado". Ese nombre viene de tener los huesos de la cabeza y otras partes del cuerpo unidos.

- Sobrevivían los ataques de otros dinosaurios probablemente gracias a las placas óseas de su cuerpo.

- Los científicos que estudian **fósiles**, llamados paleontólogos, creen que los Anquilosaurios usaban sus poderosas colas para romper los huesos de los dinosaurios que los atacaban.

Glosario

acorazado – protegido con una armadura.

característica – rasgo que sirve para identificar algo.

especie – grupo específico de animales con similitudes entre ellos y capacidad de reproducirse.

fósil – esqueletos o pisadas, es decir, restos o huellas de algo que vivió hace mucho tiempo.

período Cretácico – rocas de este período tienen a menudo muestras de los primeros insectos y las primeras plantas con flores. El final de este período, hace 65 millones de años, llevó a la extinción masiva de los dinosaurios.

Índice

acorazado 12

alimentación 16

Bolivia 18

cola 14

defensa 14

dientes 16

especies 6

fósiles 18, 20

hábitat 8

Montana 18

patas 12

período Cretácico 4

pico 16

tamaño 10

Wyoming 18

¡Visita nuestra página **abdokids.com** y usa este código para tener acceso a juegos, manualidades, videos y mucho más!

Código Abdo Kids: **DAK0369**